DE JABLE A CENIZA

ExLibric

JUNE SANTANA

DE JABLE A CENIZA

EXLIBRIC

ANTEQUERA 2024

DE JABLE A CENIZA
© June Santana
Diseño de portada: Dpto. de Diseño Gráfico Exlibric

Iª edición

© ExLibric, 2024.

Editado por: ExLibric
c/ Cueva de Viera, 2, Local 3
Centro Negocios CADI
29200 Antequera (Málaga)
Teléfono: 952 70 60 04
Fax: 952 84 55 03
Correo electrónico: exlibric@exlibric.com
Internet: www.exlibric.com

ISBN: 978-84-10076-74-7
Depósito Legal: MA 1616-2024

Impresión: PODiPrint
Impreso en Andalucía − España

Nota de la editorial: ExLibric pertenece a Innovación y Cualificación S. L.

JUNE SANTANA

DE JABLE A CENIZA

*A todos aquellos seres grandes y pequeños
que me inspiraron para sacarme el corazón
y restregarlo por estas páginas.*

Índice

Primavera

Todas las revoluciones

Cambio reivindicación
por poesía.
Porque el amor
también es revolución.

ÚLTIMAS PALABRAS

Todas mis desgracias
empiezan en el Infierno
y acaban en ti.

Ensayos sobre el amor

El amor existe,
yo lo he visto.
Está en todas las personas
que me recuerdan a ti.
Está en los almendros en flor
de Tejeda.
Está en la cicatriz que me hice
la última vez que nos vimos.
Está en la «Maldita primavera»
de Yuri.
Está en los sueños que tengo
contigo.
Está en los tragos de ron miel
mientras te lloro.
Está en los ojos
de mi gato.
Está en tus manos
y en tu pecho.
Está entre nosotros,
incluso cuando se esconde.

BRUXO

Sabes leer cada uno de mis pensamientos sin apenas mirarnos a la cara. A cada paso que doy, noto tu presencia cerca, sin siquiera estar tú ahí. Cada noche te apareces en mis sueños y te materializo a través de mis manos. Imagino tu suave cabello y tu mejilla contra la mía y trato de inventarte un olor, porque cuando estás cerca me falta la respiración. Sabes bien lo que quiero de ti y, aun así, te haces el ignorante. Pareces haber sido puesto en mi destino, escrito con tinta roja, antes de yo nacer. ¿Qué más quieres de mí? ¡Brujo, más que brujo!

A TI, DENTRO DE 8 AÑOS

Creo que mi musa es la persona más inteligente que he conocido. Tengo esta maldita costumbre de enamorarme de gente a la que solo puedo mirar desde abajo. Él es peculiar, pero no es mala persona, como algunos se empeñan en pensar.

Como dijo Natalia Lafourcade, «nunca es suficiente». Nunca es suficiente el tiempo que paso con él; nunca es suficiente anhelar sus besos en mis noches de desvelo; nunca es suficiente soñar con él, soñar que me ama. Él me hace querer ser un Premio Nobel, querer ir al espacio, acabar con el hambre y la guerra en el mundo, con tal de recibir su atención y su admiración. Porque de admiración yo ya estoy cansada de disfrazar mi amor. Es un sentimiento que por años lleva creciendo en mi pecho, como algo maligno que a cada segundo que pasa va mermando el tiempo que me queda de vida.

Y, por si fuera poco, tengo una voz a mi espalda que me dice que mañana puede acabarse todo, y si se acaba todo y yo no llego a decirle lo que siento, podría hacer arder el mundo entero con tal de quemarme yo con él. Luego dirán que soy intensa, que soy una kamikaze, que soy una persona difícil.

Difícil es estar en mi piel, que arde cada noche en deseos de tenerle a mi vera.

Sin permiso

Me gustaría no tener que buscar excusas para escribirte. Me gustaría poder escribirte por el simplísimo hecho de que te adoro, poder escribirte un «te quiero» a cualquier hora del día, darte los buenos días y las buenas noches, preguntar qué tal ha ido tu jornada o si se te apetece hacer algo después de trabajar (tal vez dar un paseo o hacer el amor).

Te veo «en línea» a la 1:15 AM y me pregunto si tú tampoco puedes dormir, si estás mirando la luna que también estoy mirando yo, o si tus pensamientos te impiden llegar al mundo de los sueños. Aprovecho y le doy a «me encanta» a una de tus fotos. Quién sabe si así lograré colarme esta noche, sin permiso, en tu onírica galaxia.

PROHIBIDO

Tal vez no habrá paseos por Triana a plena luz del día cogidos de la mano; tal vez no haya citas de librería y *bubble tea*; tal vez no podré correr a tu encuentro para fundirnos en un beso dado con las entrañas. Y, lo más probable, es que no tengamos un casamiento en el que reunamos a nuestra gente para celebrar nuestro amor.

No obstante, cielo mío, no necesito nada de eso mientras que, de puertas para adentro, nuestra casa sea un palacio, cuyo trono sea el lecho en el que yo sea tu princesa y tú seas mi rey, ante el que me arrodille día sí y día también. A cambio, solo quiero que cada latido de tu corazón corresponda a los bombeos del mío, que sonrías cada vez que me veas llegar y que tu mano no suelte nunca la mía.

ESCAPE

Fuguémonos juntos, claro, ¿por qué no?

Vayamos y probemos nuestros labios
entre las ruinas de alguna civilización milenaria.
Perdámonos por los callejones de Venecia,
Refugiémonos de la lluvia en alguna tienda
de antigüedades de Edimburgo.
Juguemos al escondite en cualquier palacio
de la realeza ya derrocada.
O explorémo(no)s en los bosques de Quebec.

A tu vera, toda una eternidad se me hace corta,
las estrellas quedan a 5 minutos de distancia (a gatas),
y los continentes me resultan una minucia.

Nos queda tanto por descubrir
el uno al lado del otro,
y el uno sobre el otro,
el uno bajo el otro,
el uno detrás del otro…

LA CANCIÓN DEL VERANO

Un día habrá una canción que te haga pensar en mí y que me llevará de vuelta a los días en los que te miraba con anhelo mientras tomábamos, supuestamente tranquilos, un café.

Un día habrá una canción que te haga temblar de emoción al saber que, en algún momento, la envié con mi espíritu hasta tu cama para que tuvieras dulces sueños.

Un día habrá una canción que será nuestra, sólo nuestra, la que escucharemos en el desayuno, en el té de las cinco y en el lecho mientras nos amamos.

Será la canción del verano de nuestras vidas.

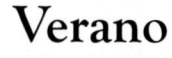

Verano

AMARRE

Ven a mí,
esto no es un amarre,
te lo juro,
ven a mí.

Quimera inalcanzable,
mi musa impredecible,
que va y viene
como las olas del mar.

Ven a mí,
esto no es un amarre,
te lo juro,
ven a mí.

Tus manos escaladoras
que suben por mis muslos
hasta llegar a la cima
donde caes tú y muero yo.

Ven a mí,
esto no es un amarre,
te lo juro,
ven a mí.

Quimera inalcanzable,
déjate querer,
ahórcame suavemente,
déjame morir en tus brazos.

Ven a mí,
esto no es un amarre,
te lo juro,
ven a mí.

ODA A TU LENGUA

Tu boca posee un artilugio de tortura:
tu lengua.
Tu lengua, creadora de palabras,
palabras que pueden derretir
hasta el más gélido de los corazones,
palabras que pueden matar,
palabras que parten en cuatro.

Tu lengua, artilugio de tortura,
que martiriza mis entrañas,
que me lleva a la pequeña muerte,
y después al cielo,
del que llueve miel
que vuelve a deslizarse por tu lengua
y martiriza tus entrañas.
Y vuelta a empezar.

LLÁMAME POR TU NOMBRE

Me llaman ramera,
la brava,
la descarada,
la oveja negra.

Otros me llaman la perra,
la zorra,
la loba,
la que va buscando guerra.

Pero la única trinchera
en la que me quiero refugiar
es en medio de tus piernas.

Mis ojos están aquí arriba,
aunque me puse esto solo para ti,
solo para que tú me llames:

Tu ramera
Tu brava
Tu descarada
Tu oveja negra.

Tu perra
Tu zorra
Tu loba
La que busca tu guerra.

AMÉN

Me recibiste con tus brazos abiertos
desde lo alto,
como Cristo en su cruz.

Me dijiste que me arrodillara
ante ti,
como María Magdalena.

Me magullé las rodillas,
por y para ti,
como un niño que juega en la plaza.

Tomé de ti,
como el sacerdote
que toma la sangre de Cristo.

Y entonces me vi,
bendecida por tu esencia,
como la devota tuya que soy.

AMENAZAS

Un día de estos te juro
que cojo la puerta de mi casa y me voy.
Me voy a la tuya
y te beso,
y te digo que te quiero,
y si hace falta,
canto una serenata bajo tu ventana.

Quiero que sepas que pienso bailar de felicidad frente al espejo, casi desnuda después de hacer el amor, llevando puesta solo tu camisa (la azul celeste o cualquier otra, me da igual).

También pienso recorrer tus muslos (la cara interior de ellos, para ser exactos), usando solo mis labios, como un ejercicio de equilibrio, tratando de no caer en... (clara derrota).

Quien avisa no es traidor. Atente a las consecuencias. Espero que estas calmen mi sed.

SAKURA

Dicen que «la primavera, la sangre altera», pero esta noche se siente como verano. Son las 4 de la mañana del domingo 26 de marzo de 2023. Hoy cambiaron la hora, supuestamente son las 3. He pensado en ti con esa camisa negra de botones y, sinceramente, no pienso hacerme responsable de mis actos.

Para decirlo bonito, digamos que, por fin, floreció la flor del cerezo. Se supone que iba a escribir poesía y aquí estoy, escribiéndote una carta bastante incómoda, pero ¿no dicen que el arte, para ser arte, tiene que incomodar o, de lo contrario, es solo *marketing*?

Espero que esto te incomode. Y si no, que sirva como *marketing* de este producto que tengo en medio del pecho, por debajo de las costillas (nunca se me dio bien la biología, pero sí la anatomía, y la tuya me encantaría conocerla al... dedillo). No, no hablo del diafragma, es más arriba. Eso, el corazón, ahí está. Por fuera de lo que es la estructura interna del pecho están los senos (supongo que lo sabrás, tienes cara de saber mucho sobre ello). ¿Los míos? Son como los de una estatua grecorromana. A veces me tiro flores, pero a ti te regalo mi flor del cerezo.

TESTAMENTO

Si tuviera que elegir
entre tu cama y la muerte
o la vida y las ganas,
sin dudarlo te elegiría a ti.

Que esta noche ventosa
lleve las ganas que te tengo
hasta tu ventana
y te hablen de mí.

Que te hablen de mí,
y de las noches en las que en tu ausencia
te he gemido y te he sentido
muy dentro de mí.

¡Que me lleven los mil demonios
si ahora mismo no puedo tenerte!
¡Que el Arcángel Gabriel haga sonar la trompeta
si esta noche no me piensas!

Antojos

Esta noche se me antoja hacerte el amor, en mi cama o en mis sueños, no me importa dónde.

Me perderé en el aroma de mi perfume de almendras, violetas y almizcle; y en la sensación de mi humedad que es más tuya que mía.

Imaginaré que me susurras al oído palabras que jamás le has dicho a nadie, siempre acompañadas de mi nombre, que sale de tu boca con la energía de una melodía tribal.

Pensaré, por un momento o dos, que no estás con ella, sino que estás aquí a mi lado acunando la grandeza de tu ser en mi cuerpo, marcando cada rincón para que no se me ocurra olvidar tu tacto.

Esta noche, la vela roja lleva tu nombre tallado en ella, y la llama está más viva que nunca.

LE MATIN

Almendra, violeta y almizcle. Y, de repente, estoy desnuda. Almendra, violeta y almizcle. Miro tus fotos. Almendra, violeta y almizcle. Tú en mi cabeza. Almendra, violeta y almizcle. Mis manos recorren mi cuerpo. Almendra, violeta y almizcle. Tu voz en mi oído. Almendra, violeta y almizcle. Asomas a mi alcoba y me calmas. Me dices que ya estás aquí y acaricias mi cabello. Paso mis dedos entre tu pelo, acaricio tu mejilla. Tus labios contra los míos. Laurisilva entre mis piernas. Tú dentro de mí. Te siento en mi pecho, te siento en mi vientre. Erupciona un cándido volcán. Almendra, violeta y almizcle. Despierto. *In somnia veritas.*

PITUITARIA

Quiero conocer tu olor. Me gustaría saber cuál es el olor natural de tu piel. Quiero conocer el olor de cuando estás recién duchado y de cuando has pasado el día entero fuera de casa. Quiero saber cuál es tu aroma cuando sientes que no puedes más y ahogas tus penas en alcohol.

Pero, sobre todo, me encantaría saber a qué hueles cuando estás sudando entre mis piernas.

ARS AMATORIA

El arte,
como el amor,
está para hacerlo.

Otoño

MI (NO) GÉNERO

Ni hembra,
ni macho:
soy del populacho.

A LEVI

Creo que mi gato Levi es el ser al que más quiero en el mundo. Levi siempre se alegra de verme, siempre quiere estar pegado a mí, salvo cuando le entran los arrebatos de alegría, que empieza a correr por toda la casa y, si cuadra, a hacer algún desastre. A veces me araña y me muerde, pero lo hace jugando, yo lo sé, aunque a veces puede ser un poco bruto.

De Levi me gusta que cuando no sé dónde está, suele estar en mi pequeña estantería entre mis libros y mis discos (él sabe dónde meterse para estar con mis bienes más preciados). También me gusta que cuando lloro, viene corriendo a consolarme. Dicen que los gatos son buenos reconociendo las energías, pero yo creo que Levi tiene algún tipo de superpoder. En mis aburrimientos miro las predicciones del horóscopo para su signo (es Acuario).

Levi, por cierto, es muy bonito. Yo digo que es un «gatito de anuncio». Ha crecido desde que llegó a casa. Dijeron los del albergue que lo encontraron en el motor de un coche, al pobrecito, pero ahora es el gato más lindo y feliz de la Tierra. Levi, o Levichito, es un gato tuxedo y tiene dos lunares en el hocico, además de tener la nariz rosa y negra (¿cómo caben tantos colores en una naricita tan pequeña?). Muchas veces se acuesta delante de la nevera, para cuando alguien la abra, él poder asomarse y pedir algo de jamón.

Espero que me dure muchos años.

206

206 huesos tiene el esqueleto humano adulto, pieza arriba, pieza abajo, depende de si te falta o te sobra algo.

Los esqueletos siempre se han asociado con lo malo o con la muerte. Sin embargo, yo los asocio con la vida, ya que nadie podría vivir sin su esqueleto (salvo los animales invertebrados, a quienes les va muy bien). Yo quiero mucho a mi esqueleto, pero a mi madre y a mí nos duelen los huesos si hace mucho frío. Creo que deberían inventar un abriguito intradérmico que se inyectara con una jeringuilla y ¡chas! Esqueleto abrigado. Aunque mi columna vertebral tiene forma de S y, a veces, eso me causa dolor y complejo, pero creo que sobreviviré un tiempo más con ello.

En México, por el Día de Muertos, se representa a los esqueletos pintados con florecitas y diversas formas curvas y muchos colores. En otros sitios, a los esqueletos se les pone una capa con capucha y una guadaña, y ya simboliza la muerte. Yo prefiero los esqueletos con tutú, sinceramente.

En el Museo Canario hay muchas calaveras, que son los restos de gente que vivió hace muchos años atrás. ¿Ven? El esqueleto es la esencia del vertebrado, es lo que sigue tras la muerte. Mientras estás muerto, puedes exponer tu esqueleto; mientras estás vivo, puedes moverlo.

PROGENITOR

Mi padre es el claro ejemplo de que la vida da muchas vueltas. A los 14 años empezó a trabajar en la construcción, pero a los 30 le vino la inspiración divina (que no un arrebato místico) y empezó la carrera de Enfermería. Ya está cerca de los 60, pero, sinceramente, y no es porque sea mi padre, creo que es el mejor enfermero del mundo. ¡De verdad! Cuando él te hace el análisis de sangre o te pone la vacuna, apenas duele. Además, muchas veces me hace reír antes de pincharme, así que al final todo acaba en una divertida anécdota.

Mi padre es una persona tranquila, que parece seria pero es muy risueña. Creo que es de las pocas personas que me ven inteligente, a pesar de mi no tan corta edad y mi aún más corta estatura. Me hace especial gracia cuando juega con los animales, pero más me reía cuando yo era pequeña, que él ponía el televisor en mute y se ponía a hacer doblajes de lo que podrían estar diciendo los personajes que aparecían en la tele. Hace años solíamos ver *Museo Coconut* juntos y ese momento nos pertenecía solo a nosotros delante de la tele, partidos de la risa, y aún a día de hoy nos reímos cuando hablamos del programa.

Este no es el típico texto sobre lo mucho que quiero a papi, ya que eso está muy visto y creo que él ya lo sabe.

BAMBI

Bambi, Bambina, Bembi, Bembita.

Hay muchas formas de llamar a un ser tan pequeño que tanto ha sufrido.

Nariz rosa palisandro, pestañas blancas, ojos de amor.

Patitas flacas, colita respingona, ladrido destemplado.

La bichilla Bambi cada mañana se convierte en mi maestra y me dice al oído: «¡No hay que dejar de tener esperanza por una vida mejor!».

SEQUÍA

Sigo esperando una lluvia que no llega.

La tierra se siente árida y seca, como aquella en la que, en mi tierna infancia, jugué.

Me pregunto si las papas cada noche miran al cielo, pidiéndole a la luna que les mande algo de beber, como si de una mesonera se tratase.

Mis islas se mueren de sed, y yo no tengo más que mis lágrimas para darles.

ATLÁNTICO

Me asombra el mar. O, mejor dicho, el océano.

El océano está tan lleno de vida que resulta una paradoja que cada año se cobre tantas almas. ¿A dónde van esas almas? ¿Se quedan navegando en la oscuridad acuática o van al cielo, chorreantes de agua helada? ¿Son acaso las gotas de lluvia que caen sobre nosotros? ¿Lloverá más o menos en función de la cantidad de *neodifuntos?*

Cuando viajo entre islas, en barco, el tiempo y el espacio cobran una nueva dimensión. Parece que el destino está muy cerca, pero las horas de viaje se hacen eternas, y no me queda otra que contemplar esa masa tan fría, inexplorada, tan muerta y tan llena de vida(s).

El océano Atlántico es la laguna Estigia.

Invierno

FIBROMIALGIA

Nunca voy a olvidar aquella tarde de enero en la que la joven doctora confirmó mis (nuestras) sospechas. Me recomendó pilates, natación o yoga. Adiós a la meta del cinturón negro de kárate (llegué hasta el naranja). Y una pastilla, una cada noche.

¿Quién va a amar un cuerpo enfermo? ¿Quién va a aguantar mi mal humor porque estoy cansada y dolorida? ¿Quién se atreverá a no usarme y tirarme? Cada embestida se siente como una puñalada en la matriz de mis latidos. Nunca subiré ese cerro. Nunca correré una maratón. Nunca competiré en deportes. ¿Cómo cargaré en brazos a mi niño cuando esté cansado de jugar en el parque?

—Eres joven, te queda toda una vida por delante.
—Sí, eso es lo que más me pesa.

La fibromialgia, como el amor, te mata, pero te deja respirando.

Si no puedo estar contigo

Quería estar contigo
y, como no pudo ser,
me convertí en alguien como tú.

DISPARATE

Me quiere,
no me quiere,
me quiere,
no me quiere,
me quiere,
no me quiere,
no me quiere,
no me quiere,
no me quiere,
no me quiere,
no me quiere,
¡pues no me quieras!

FLORECITA DE AIRE

Pensé que me moría la noche en la que descubrí que no sé ir con medias tintas. Pensé que me ahogaba en un chupito de ron miel, que el ardor en la garganta era por la falta de aire y no por los grados de alcohol. Esa noche me habría fumado de buena gana todos los cigarrillos del mundo, incluso los que aún estaban por liar; yo, sin ser fumadora ni nada. Solo podía mantenerme callada y no mostrar ningún rasgo de debilidad, porque entonces todo se hubiera ido al traste.

Esa noche quise confesarles mi amor a todos y a todas los que habían pasado por mi corazón (debería tener un directorio de amantes frustrados). Solo quería, como cantaba Jacques Brel, *«un peu plus de tendresse, ou alors une sourire ou bien, avoir le temps»*. Pero «au suivant!», que pase el siguiente que quiera hacerme daño, que esto está abierto las 24 horas y a cada momento me hago partícipe de este juego al cual no sé jugar.

Esa noche sentí la necesidad de autosabotearme en todos los sentidos, me di cuenta de que era una kamikaze, que pensé que podría comerme el mundo y, al final, el mundo me comió a mí, tan pequeña, tan florecita de aire.

Confucio inventó la confusión

Es gracioso, ¿verdad? Es gracioso cómo siempre acabo volviendo a ti, como un bumerán, como la amante pródiga. Varias veces has tratado de alejarme de ti, pero eres como un imán que siempre me atrapa y, por más que ambos lo intentemos, no consigo soltarte.

A veces, pienso «¿cómo es posible que vaya a morirme sin probar la miel de sus labios?». Y cuando pienso esto, solo quiero volverme pequeñita y armar una rabieta, quemarlo todo, que el mundo sepa que no eres mío y que eres mi anhelo, que eres mis noches en vela; lo más puro que guardo dentro; el magma de mi volcán en su descanso eterno, porque nunca podrás salir de mí.

Eres como la Mathilde de Jacques Brel, que siempre vuelves, pero, como bien ordenó él: «manos mías, quédense tranquilas, es solo un perro que vuelve de la ciudad; acuérdense de cuando yo les lloraba encima». Pero mi corazón, por más que se lo pida, se torna loco cada vez que regresas a él. ¿Cómo le digo que se tranquilice, si a cada verano que pasa te vuelves más bello? Mientras tanto, seguiré lamiéndome las heridas. Saben a sal.

YUKIDARUMA

Esta noche no se siente como verano: se siente como pleno invierno. El cielo está nublado y abarrunta una gélida tormenta (¡y eso que vivimos en las supuestas Afortunadas!).

Las preguntas (nieve) se agolpan en mi mente y no me dejan dormir. Una lleva a la otra y se acumulan, y podría hacer con ellas un muñeco de nieve. Pero, en vez de eso, la bola se va haciendo más y más grande hasta que al final me va a aplastar.

¿Es mejor confesar y quitarse el peso de encima, o callar y no perderle?

Confesar y perder,
o callar y morir.

Dicen que por la boca muere el pez, pero por su boca muero yo.

Tonto el que lo escriba.

EPITAFIO

Aquí yace una joven que tenía toda la vida
por delante, pero no a su lado.
De amor no se muere nadie,
pero qué ganas dan a veces,
¿eh?

CUIDADOS PALIATIVOS

Esto que llevo dentro se siente como la más terrible de las enfermedades. A veces, siento que mi vida consiste en llevarla a cuestas donde quiera que voy, haga lo que haga, y esto me ha convertido en un zombi que no hace más que sufrir las ansias de atraparte.

En cambio, no quiero que te vayas de mí. Esta sensación febril que me viene cuando te veo, cuando te escucho, o cuando te siento, se torna placentera al materializarte en mis recuerdos. No obstante, este bendito mal solo crece y crece en mis entrañas y está acabando con mi vida. Siento que el tiempo corre en mi/nuestra contra, porque no sabemos bien lo que ocurrirá mañana. La fugacidad de la vida se manifiesta en mis pensamientos para torturarme, y yo, honestamente, no podría sobrevivir al declarar mi amor por ti frente a una fría lápida de piedra. Lee bien lo que digo: prefiero que me sobrevivas.

FEMALE RAGE?

Bonita, elegante, encantadora. Casi ni aparenta lo culta e inteligente que es, pues, al fin y al cabo, la que es más lista siempre acaba resultando la menos bella. Es ley de vida.

Cada vez que te pienso me inspiras miles de poemas, pero no me salen las palabras. No me salen las palabras, porque no las tengo. Me machaco la cabeza y lo único que acaba saliendo es sangre por mi nariz. Sólo mi simple sangre, no es nada de importancia.

¿Y si las musas se han dormido? ¿Y si ya no quieren ni verme? ¿Y si… están muertas? ¿Podría lo mismo que mató a las musas matar mis sentimientos?

Siento que se me atragantan en la garganta las palabras y los besos que nunca te di. Luchan por salir, pero el hilo rojo que cose mi boca los retiene dentro, a ver si explotan.

Si explotaran y acabaran conmigo, ¿llorarías por mí, aunque no lo mereciera?

(Se cierra el telón de golpe).

ELLA

Fue imposible no fijarse en los lindos ojos que te acompañaban aquella tarde de verano. Su sonrisa amable y su trato encantador es normal que dejen huella. Casi ni me dio tiempo de mirarte una vez más. Tampoco quería ver cómo la mirabas con amor: esa mirada que tanto ansié y nunca me llegó. Ella, hechicera, se apoderó de mi atención y con su calidez inundó mi espíritu.

Firmo aquí mi derrota.

En la oscuridad

Cae la noche y me asaltan los pensamientos que nunca querría tener. Es un atraco a mano armada. Cada respuesta indiferente tuya se siente como un navajazo a sangre fría. Y caigo al suelo y veo cómo me desangro recordando cada vez que te seguí a ciegas, buscándote para que me alimentaras, para que me dieras la vida, como si nada de lo que yo hubiera hecho por ti fuera suficiente para obtener tu reconocimiento.

Me estás matando y yo no quise morir así: yo quería morir entre tus brazos, mirándote a los ojos para que fueran lo último que viera antes de partir a un lugar más cálido que el gélido desierto de tu corazón. Las lágrimas que recorren mi viso arden sobre mi piel en carne viva que yo misma herí con mis espinas, como el samurái que se hizo el harakiri para morir con honor. Pero no hay nada de honor en arrastrarse moribunda, buscando unas últimas gotas de agua que calmen mi sed de cariño.

APÓSITOS

Yo, que quería rasparme las rodillas
de arrodillarme ante ti,
y al final me las raspé
por arrastrarme.

Ausencia

Esta noche no me apetece escribir. Tengo ideas, pero siento que no sirven si tú no vas a leerlas. ¿Qué hace a la poesía: las palabras o las emociones de quienes las leen?

Antes escribía porque sabía que tú ibas a leerme, tarde o temprano. Pero ¿y ahora? ¿Qué haces en los ratos que no estás leyéndome, en los ratos que no me piensas, que no me escribes? ¿Qué será de estas palabras sin dueño, sin padre ni madre, con origen pero sin destino? ¿A dónde irán a morir? ¿Quién les pondrá flores en el cementerio en cada día de los Finados?

Cuando parta yo de este mundo, quiero que me entierren con ellas entre mis manos: así, al menos, volverán a la tierra de la que nacieron.

Peter Pan (y la niña perdida)

No le digan a esa niña que la sensación de cuando la dejan para el final a la hora de formar equipos la va a volver a sentir dentro de 15 años cuando, una vez más, nadie la elija.

Por canija, por sosa, por rara, por no ser suficiente.

No se lo digan, porque dejará de crecer.

Cenicienta a medianoche

¡Estaba yo tan guapa aquella noche!
que pensaba que el carmín
se había desparramado por mi pecho.
¡Resultó ser mi sangre!
Lágrimas negras recorren, resecan
mi rostro, mi jadeo, mi garganta.
¡Y me puse a jugar gato yo sola!
Se suponía que mis muslos
ibas a recorrerlos tú,
¡y los recorrieron las cuchillas!

MÁS ALLÁ

Ahora estoy aquí, de pie,
viendo los coches pasar desde mi ventana.
Café caliente en la taza,
el sol dándome en la cara.
Por ahora.
¿Qué pasaría si yo ya no estuviera aquí?
¿Dejarían de salir los coches del túnel?
¿Dejaría el sol de calentar hasta marchitar las flores?
¿Se enfriaría el café más rápido?

…

¿Tendría que seguir mirando a ambos lados
antes de cruzar?

MIS GANAS DE LLORAR
Y YO CONTRA EL MUNDO

Esta noche nadie besó mis tajadas,
apenas cuatro pasones
con esa cantante francesa de fondo,
pero las canciones que me recordaban a ti
¡ya no duelen!
Pero cuánta falta me hizo que alguien
besara mis tajadas.
Este gato no es lo que parece.

CUERPOESCOMBRO

Qué ganas de coger mi cuerpo
hecho de escombros,
ponerlo en tus manos
y que lo desmigajes.
Como una bola de nieve
o de arena,
o un puñado de cenizas.
¿Me esperarás hasta que
me convierta en cenizas?